Im 3 1958

Quelques Notes généalogiques sur la Famille de BERTIER.

Imprimé par la Société de Saint-Augustin,

Desclée, De Brouwer et Cie, LILLE. — MDCCCLXXXVII.

R.F.

OBSERVATION PRÉLIMINAIRE.

DANS les siècles derniers les relations de parentés les plus éloignées étaient soigneusement entretenues et, en général, on y attachait le plus grand prix.

Aujourd'hui, on est tombé dans l'excès contraire ; des oncles, des neveux, des cousins germains, ne connaissent pas toujours leur réciproque existence.

Je constate les faits sans les apprécier, mais j'ai remarqué qu'il arrivait souvent que, par suite de rencontres ou rapprochements quelconques, des personnes se reconnaissent des liens de parenté sans pouvoir se rendre compte de leur provenance.

En suite de ces observations, j'ai pensé qu'il pourrait être utile à mes descendants, directs ou collatéraux, d'être à même de se renseigner sur ces parentés inconnues.

A cet effet, j'ai établi, non une généalogie, ce qui ne pourrait avoir lieu qu'au moyen de titres authentiques qui me feraient souvent défaut, mais une sorte de répertoire généalogique, basé sur des archives incomplètes il est vrai, mais appuyé sur les renseignements les plus précis que j'ai pu me procurer.

Je profite de cette occasion pour exprimer mes sincères remerciements à mes parents qui ont répondu d'une manière aussi gracieuse qu'empressée à mes demandes parfois indiscrètes.

Comte CHARLES DE BERTIER DE SAUVIGNY.

BIBLIOTHÈQUE NATIONALE RF IMPRIMÉS

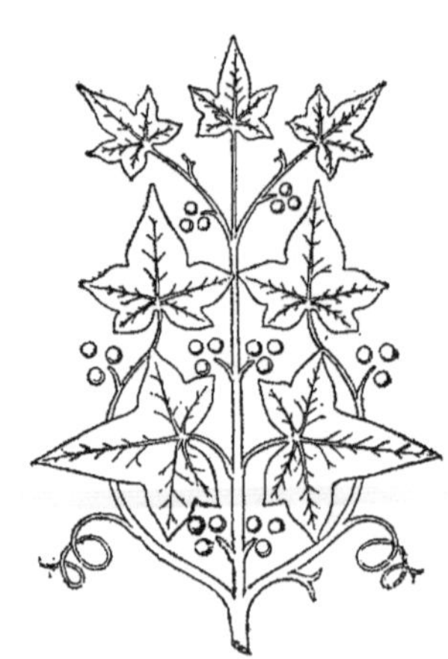

BIBLIOTHÈQUE NATIONALE R.F. IMPRIMÉS

LA Maison de BERTIER, originaire de Toulouse, est regardée comme une des premières de cette ville. Elle a fourni des Capitouls dans un temps où les plus anciennes familles se faisaient un honneur de remplir ces fonctions. Depuis elle n'a pas cessé d'occuper les plus hautes charges du sacerdoce, de la magistrature et des armées.

La tradition, dit Mezerai, la fait descendre de BERTAIRE, maire du palais, fils du roi de Thuringe et frère de sainte RADEGONDE ; mais, ajoute la Chesnaye des Bois, dans ses études généalogiques, sans aller chercher dans les premiers siècles de notre monarchie, où un de leur nom, employé aux affaires de l'État, embrassa l'état ecclésiastique, fut mis au rang des saints et fut reconnu pour tel dans les martyrologes après sa mort, survenue dans le pays de Boulonnais, où il s'était retiré, ce qui a donné lieu à quelques-uns de ses descendants de prendre pour devise : *Cœlestis origo*, il est incontestable que la famille de BERTIER est l'une des plus nobles et des plus illustres du Midi. On sait, en effet, avec certitude qu'au règne de Charles VI, ARNAUD de BERTIER, Seigneur, Mestre des eaux et forêts, s'opposa courageusement, par voie de fait, à Hector de Bourbon, que le Pape avait créé archevêque de Toulouse au préjudice de *Jehan* de ROSELGES. ARNAUD se saisit des châteaux de l'archevêque pour favoriser *Jehan* de ROSELGES, la sœur duquel il avait épousée, et ne les rendit à Hector de Bourbon qu'au préalable le roi Charles ne lui en eût fait un très exprès commandement. Ce différend fut agité longtemps au parlement de Bordeaux, où Hector aurait interjetté appel, fondé sur la récusation des juges de Toulouse, à cause du grand crédit d'ARNAUD de BERTIER.

Il est fait mention d'un BERTIER, dès l'an 906, dans une contestation entre les chanoines de Saint-Vincent et les moines de Saint-Euger, dans le diocèse de Lyon, au sujet d'une chapelle que ces derniers prétendaient leur avoir été donnée par un certain Lambert, tandis que les autres prouvèrent qu'ils l'avaient échangée avec N. de BERTIER. Toutefois le premier, depuis lequel la filiation est authentiquement établie, est GUILHAUME de BERTIER qui suit.

(Extrait d'une ancienne généalogie des archives de Pinsaguel.)

A. Seigneurs de Pinsaguel.

Portent, *d'or au taureau furieux de gueules, onglé et accorné d'azur, chargé de cinq étoiles d'argent posées en bande.* **Supports,** *deux griffons ;* **surmonté** *d'un casque fermé, de face,* **couronné** *de Marquis,* **Lambrequin** *d'or et de gueules;* **Devises,** « *Ornat sidera virtus* » *et* « *Cœlestis origo.* »

I. Guilhaume de BERTIER, vivant en 1320. Son frère *Étienne*, mort le 7 juin 1342, est cité parmi les saints abbés du temps. Guilhaume mourut en 1343, suivant l'acte de décès, retenu par Maître Galaugéra, notaire à Muret. Il avait épousé N. de Gaure, dont

II. Arnaud de BERTIER, vivant en 1380, marié à N. de Roselges, dont

III. Noble GUILHAUME de BERTIER, né en 1424, Capitoul de Toulouse en 1483, marié en 1460 à *Jane* de FRAXINO, dont,

1° *Simon* de BERTIER, qui suit.

2° *Guillaume* de BERTIER, auteur de la 1re branche de MONTRABE (lettre E).

3° *Étienne* de BERTIER, mort en 1490, prêta serment, le 30 mai 1474, comme abbé de Sainte-Colombe et prieur de Saint-Laurent.

4° *Catherine* de BERTIER, mariée à *Jehan* du BUISSON.

5° *Jacquette* de BERTIER, mariée en 1487 à *Barthélemy* de MICHEL.

6° *N.* de BERTIER, mariée en 1488 à *N.* d'OUVRIER.

7° *Jacquette* de BERTIER, mariée en 1500 à *Jehan* de SAINT.

IV. Noble SIMON de BERTIER, seigneur et baron de Pinsaguel, grand maître des Eaux et Forêts, marié, 1° le 18 décembre 1477, à *Jane* de GRAY ; 2° le 26 juillet 1496, à *Jane* de BUXI ; il eut de l'une ou de l'autre

1° *Jehan* de BERTIER, qui suit.

2° *Denis* de BERTIER, seigneur de Pechbonieu, Capitoul, marié à *Gausserande* de BUXI, dont un fils nommé *Pierre.*

3° *Louis* de BERTIER.

4° *Guilhaume* de BERTIER, marié en 1515 à N. de PLAIGNE.

5° *Anne* de BERTIER, mariée, 1° à *Aymeric* de LAUBESPIN, qualifié dans l'acte *metuendissimus dominus*; 2° le 30 juin 1501, à *Jehan* de PLAIGNE.

6° *Béatrix* de BERTIER, mariée à *Pierre* de POTIER, seigneur de la Terrasse, Trésorier de la bourse des États de Languedoc(1).

V. Noble JEHAN de BERTIER, Chevalier, Baron de Pinsaguel, marié le 30 avril 1509 à *Claire* de POTIER de la Terrasse, dont

1° *Jehan* de BERTIER, qui suit.

2° *Jehan* de BERTIER, Secrétaire du Roi, marié, le 17 novembre 1560 à *Germaine* de CUSTOS ; il est auteur de la branche des seigneurs du VERNET ou BERNET (lettre D).

3° *René* de BERTIER, chanoine.

4° *Pierre* de BERTIER, marié en 1570 à *Antoinette* du FAUR.

5° *Pierre* de BERTIER, Recteur de la Marque Fave.

(1) Cette BÉATRIX de BERTIER devint, dit-on, la maîtresse du Roi François Ier, qui lui donna le château de Saint-Élix, non loin de celui de la Terrasse, appartenant à *Pierre* de POTIER, son mari. Étant plus tard reconciliée avec *Pierre*, elle lui fit don de Saint-Élix. On chante encore, dans le pays, une vieille ballade patoise où il est fait mention de cette légende. Le château de Saint-Élix, d'un beau style renaissance, près de Carbonne, appartient aujourd'hui à la famille de SUAREZ.

6° *Anne-Françoise* de Bertier, mariée à *Jean* de Vallettes.

7° *Paulette* de Bertier, mariée le 3 juin 1533 à *Pierre* de Doux, seigneur d'Ondes.

8° *Marie* de Bertier, mariée à N. de Salles.

9° *Marie-Farnçoise* de Bertier, mariée, 1° le 19 janvier 1546 à *Pierre* de Coustous, 2° le 8 janvier 1557 à *Pierre* de Brucelles.

10° *Jeanne* de Bertier, mariée en 1530 à *François* de Roquette-Buisson.

VI. Noble Jehan de BERTIER, Chevalier, Baron de Pinsaguel, marié le 6 novembre 1568 à *Gilette* de Malras, dont

1° Georges de Bertier, qui suit.

2° *Jeanne-Isabeau* de Bertier, mariée le 26 juin 1603 à *Barthélemy* de Raymond, seigneur de Saint-Amans.

VII. Noble Georges de BERTIER, Chevalier, Baron de Pinsaguel, Gentilhomme de la chambre du Roi, marié, le 20 janvier 1603, à *Marie* de Potier, fille de *Jean* de Potier de la Terrasse et de *Françoise* de Bourgade, dont

1° François de Bertier, qui suit.

2° *Jehan* de Bertier, né le 13 mars 1611, Chevalier de Malte en 1627.

3° *Gilette* de Bertier, mariée, en 1626, à *Jacques* de la Mothe-Grammont de Saubens.

4° *Françoise* de Bertier, mariée le 7 janvier 1636 à *Michel* de Levis, seigneur de Montmaur.

5° *Françoise* de Bertier, religieuse maltaise.

6° *Marie* de Bertier, mariée en 1657, à *Hugues* de Drot.

VIII. Noble François de BERTIER, Chevalier, Baron de Pinsaguel, né en 1623, mort le 29 avril 1682. Son portrait, fait en 1670, se trouve au palais de la Cour d'appel de Toulouse. Il épousa, le 16 mars 1670, *Anne* d'Anglar de la Roche d'Agout, fille de *Guy* d'Anglar de la Roche d'Agout et de *Jehanne* de Nicolaï, morte le 1er mars 1721 à 67 ans, dont

1° Adrien de Bertier, qui suit.

2° *Antoinette* de Bertier, mariée, le 27 février 1711, à *Jacques* de Villeneuve.

3° *Catherine* de Bertier, mariée en 1714, à *Adoue* de Saïlhas.

4° *Françoise* de Bertier, mariée, 1° en 1711, à *Étienne* de Bertier, seigneur de Maïlholas; 2° en 1715, à N. de Comères.

IX. ADRIEN de BERTIER, Chevalier, Marquis de Pinsaguel, seigneur de Montville, de Pouze, Comte de Chastellux dans la Haute-Marche, né en 1679, mort en 1752, Ayde de Camp général des armées du Roi, marié, 1°, le 29 novembre 1698, à *Françoise* d'ESCOULOUBRE, fille de *François* de SAUTON de MOUTRON d'ESCOULOUBRE et de *Louise* de BRUYÈRE de CHALABRE ; 2°, le 2 mars 1711, à *Marie-Anne* de PINS, fille de *Louis* de PINS, seigneur de Justaret, et de *Marguerite* de SEIGNEURET, morte sans enfants ; 3°, le 21 novembre 1712, à *Henriette* de BARTHÉLEMY de GRAMMONT-LANTA, fille de *Jacques* de BARTHÉLEMY de GRAMMONT-LANTA et de *Catherine* de RIQUET

Il eut du premier lit :

1° *Aymeric* de BERTIER, mort en pupillarité.

2° *Jacques-François* de BERTIER, mort en pupillarité.

Du troisième lit :

3° FRANÇOIS de BERTIER, qui suit.

4° *Antoine-François* de BERTIER, archidiacre, grand vicaire d'Auch, abbé de Saint-Sever dans les Landes, diocèse d'Aire, mort en 1767.

5° *Jean-Thomas-Mathias* de BERTIER, qui a fait la branche de GROLEJAC en Périgord, lettre C.

6° *Catherine* de BERTIER, mariée en 1747 à *Guy Bernard* de BENOIT.

7° et 8° *Henriette* et *Madeleine-Adelaïde* de BERTIER, religieuses au monastère de Saint-Sernin, à Toulouse.

9° *Julie* de BERTIER, abbesse des Ursulines de Grenade, près Toulouse.

X. FRANÇOIS de BERTIER, Chevalier, Marquis de Pinsaguel, Baron de Belpech, Seigneur de Montrabe, Palaficat, né le 8 avril 1725, mort le 10 mars 1798, page de la grande écurie, lieutenant au régiment d'Agenais, marié, le 13 octobre 1752, à *Marie-Louise* DOROTHÉE de FRAÏSSE, fille de *Guillaume* de FRAÏSSE et de *Jeanne-Marie* du BUISSON de RESSOUCHE, et morte le 18 juillet 1786, dont

XI. FRANÇOIS-MARIE-ÉTIENNE de BERTIER, Marquis de Pinsaguel, Baron de Belpech, Seigneur de Montrabe, Palaficat, né le 3 août 1753, mort le 27 janvier 1817, marié, le 9 août 1793, à *Anne-Françoise-Louise-Sylvie* de SAINT-FÉLIX, née le 14 janvier 1771, fille de *Jean-Jacques* de SAINT-FÉLIX et de *Catherine* de JOSSÉ de LAUVEREINS, dont

XII. FRANÇOIS-MARIE-ADRIEN, Marquis de BERTIER-PINSAGUEL, né le 14 juillet 1794, mort en juin 1849, marié le 21 octobre 1816, à *Marie-Claire-Guillemette* AYRAL, fille de *Jean-François* AYRAL et de *Sophie* de CHAULIAC, dont

1° *Françoise-Marie-Louise-Claire-Isaure* de BERTIER, née le 18 mai 1818, morte le 21 août 1842.

2° FRANÇOIS-MARIE-CLAUDE-ÉTIENNE de BERTIER, qui suit.

3° FRANÇOIS-MARIE-ÉTIENNE-CATHERINE-PROSPER de BERTIER, qui a fait la seconde branche de Montrabe, lettre B.

XIII. FRANÇOIS-MARIE-CLAUDE-ÉTIENNE, dit ÉMILE, Marquis de BERTIER-PINSAGUEL, Chevalier de Malte, né le 26 juillet 1819, marié le 12 avril 1844 à *Marie-Thérèse-Mathilde* de TAURIAC, née en 1829, fille d'*Amédée* de BOYER-CASTANET, Marquis de TAURIAC, et d'*Eulalie* ROQUE de VILLAUCHAMPS, dont

1° *Adrien* de BERTIER, né le 19 avril 1845, mort le 6 mai 1846.

2° *Jeanne* de BERTIER, née le 6 avril 1847, morte le 27 octobre 1867.

3° MARIE-JOSEPH-FRANÇOIS-RAPHAEL-ADRIEN de BERTIER, qui suit.

XIV. MARIE-JOSEPH-FRANÇOIS-RAPHAEL-ADRIEN, Comte de BERTIER-PINSAGUEL, né le 22 mars 1849, zouave pontifical, officier de dragons, Chevalier de Malte, Commandeur de Saint-Sylvestre, Chevalier de Saint-Grégoire et du Saint-Sépulcre, marié le 18 janvier 1882 à *Louise-Isabelle* PARIS, née le 17 décembre 1862, dame Chevalière du Saint-Sépulcre, fille de *Gustave-Maximilien* PARIS, officier de la Légion-d'Honneur, et de *Louise* WEBER, dont

1° *Radegoude-Jehanne* de BERTIER, née le 2 novembre 1882.

2° *Rodolphe-Aymeric* de BERTIER, né le 17 juin 1884.

R.F.

B. 2de Branche de BERTIER-MONTRABE.

XIII. RANÇOIS-MARIE-ÉTIENNE-CATHERINE-PROSPER, Comte de BERTIER-MONTRABE, second fils de FRANÇOIS-ADRIEN, Marquis de BERTIER-PINSAGUEL, et de *Marie-Claire-Guillemette* AYRAL, né le 11 septembre 1823, marié en 1849 à *Charlotte-Adèle* de TAURIAC, fille d'*Adolphe* de BOYER-CASTANET, Marquis de TAURIAC, et de *Louise* de CAMBON, dont

1° *Louise* de BERTIER, née en novembre 1850, mariée le 26 janvier 1875 à *Pierre-Marie-Étienne* BÉRARD de CHAZELLES, ancien préfet du Cantal, fils de *Pierre-Léon* BÉRARD de CHAZELLES et de *Marie-Laure-Hélène-Gabriel* RAMEY de SUGNY, dont

1° *Pierre* de CHAZELLES, né en septembre 1878.
2° *Catherine* de CHAZELLES, née le 8 octobre 1881.
3° *Magdelaine* de CHAZELLES, née en juin 1884.

XIV. 2° GEORGES, Vicomte de BERTIER-MONTRABE, né en mars 1852.

C. Seigneurs de GROLEJAC, en Périgord.

X. JEAN-THOMAS-MATHIAS, Comte de BERTIER, Chevalier, Seigneur de Grolejac, lieutenant au régiment de Septimanie, fils d'ADRIEN de BERTIER, Marquis de Pinsaguel, Comte de Chastellux dans la Haute-Marche, et de *Henriette* de BARTHÉLÉMY de GRAMMONT-LANTA, né le 22 juin 1728, marié en 1755 à *Charlotte* d'ESSET du BREUIL, fille de *François* d'ESSET du BREUIL et de *Marie* de BONTEMPS, morte le 9 septembre 1783, dont

1° FRANÇOIS-MARIE-CLAUDE, qui suit.

2° *Catherine* de BERTIER, née le 17 avril 1759.

3° *Françoise* de BERTIER, née le 24 avril 1762.

XI. FRANÇOIS-MARIE-CLAUDE, Comte de BERTIER, Seigneur de Grolejac, né le 27 février 1758, premier page du Roi Louis XV, lieutenant-colonel de dragons, Chevalier de Saint-Louis, mort en 184...., sans alliance.

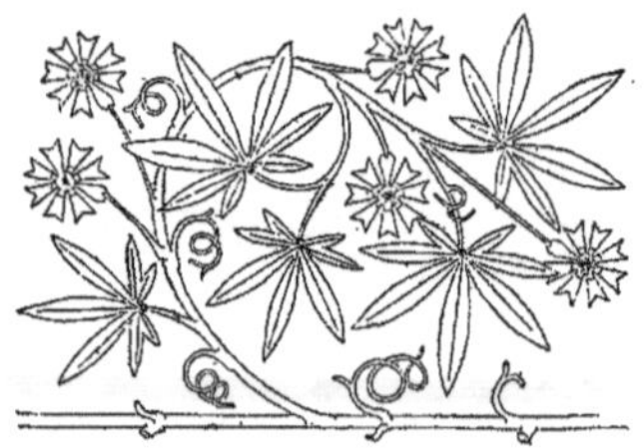

D. Seigneurs du VERNET ou BERNET.

VI. JEHAN de BERTIER, Seigneur de Vernet, capitaine, secrétaire du Roi, second fils de noble JEHAN de BERTIER, Baron de Pinsaguel, et de *Claire* de POTIER de la TERRASSE, marié, par contrat du 17 novembre 1560, à *Germaine* de CUSTOS, dont

1° MARTIN, qui suit.

2° *Anne* de BERTIER (1).

VII. MARTIN de BERTIER, Seigneur du Vernet, Chevalier de Malte, capitaine aux chevau-légers, marié, par contrat du 26 octobre 1603, à *Antoinette* d'AYMAR, dont

VIII. HIPPOLYTE de BERTIER, Seigneur du Vernet, Chevalier de Malte, marié, par contrat du 24 octobre 1632, à *Isabeau* de GALAUBA, dont

1° GEORGE, qui suit.

2° *Étienne* de BERTIER, Seigneur de Maïlholas, marié en 1711 à *Françoise* de BERTIER, fille de FRANÇOIS de BERTIER, Baron de Pinsaguel, et d'*Anne* d'ANGLAR.

3° *Isabeau* de BERTIER, mariée à *Barthélemy* de RAYMOND, Seigneur de Saint-Amand.

4° *Anne* de BERTIER, mariée en 1652 à *Philippe* de CASTERAS.

IX. GEORGES de BERTIER, Seigneur du Vernet, marié en 1669 à *Jacquette* d'OUVRIER, dont

ISABEAU de BERTIER, mariée le 13 avril 1702 à *Louis* de VIVIÈS.

---

(1) Un titre original, existant dans les archives du château de Pinsaguel, donne à JEHAN de BERTIER, Seigneur de Vernet, quatre fils, MARTIN, ARMAND, chanoine, SIMON, MARTIAL. Toutefois il n'en est fait mention dans aucune autre pièce.

E. Seigneurs de MONTRABE, 1re branche.

IV. GUILHAUME de BERTIER, dit le Jeune, second fils de noble GUILHAUME de BERTIER, capitoul en 1483, et de *Jane* de FRAXINO, marié en 1482 à *Jacquette* de MORREBRUNE, fille de *Guilhaume* de MORREBRUNE et de noble *Gausserande* de NAJAC, dont

1° SIMON, qui suit.
2° *Costoline* de BERTIER.

V. Noble SIMON de BERTIER, écuyer, secrétaire du Roi, marié, 1°, le 8 janvier 1509, à *Astruque* de BUXI, 2°, à *Jeanne* de GRIMOALD ou GRIMOARD ; il eut de l'une ou de l'autre

1° LOUIS, qui suit.
2° *Guilhaume* de BERTIER, capitoul, écuyer de la Reine Marguerite de Valois.
3° *Antoinette* de BERTIER, mariée à *Nicole* de BENOIT.
4° *Béatrix* de BERTIER, mariée le 26 décembre 1552 à *Jimocent* de CIRONIS.
5° *Anne* de BERTIER, mariée le 28 janvier 1537 à *Gabriel* de MONESTIER, Baron de Trenyer.
6° *Marie* de BERTIER, abbesse.

VI. LOUIS de BERTIER, écuyer, secrétaire du Roi, mort le 29 janvier 1560, marié le 21 août 1541 à *Marguerite* de TAPPIE de ROQUES de MONTELS, dont

1° PHILIPPE, qui suit.
2° GUILHAUME de BERTIER, qui a fait la branche des Seigneurs de SAINT-GENIEZ (lettre F).
3° *Bertrand* de BERTIER, Archidiacre et Prévôt de Toulouse, Abbé de Lezat, le 5 février 1604, mort le 17 octobre 1628.
4° *Jean* de BERTIER, né en 1556, mort en juillet 1620, Abbé de Mas-Garnier sur Garonne, de Saint-Sever, de Saint-Vincent, du Lieu Restauré près Soissons,

théologien distingué, agent général du Clergé de 1595 à 1600, Évêque de Rieux en 1620, et Chancelier de la Reine Marguerite de Valois.

5° *Anne* de BERTIER.

6° *Catherine* de BERTIER, mariée, le 29 octobre 1556, à noble *Jean* MARUE.

7° *Marie* de BERTIER, mariée, le 23 octobre 1571, à *Clément* de LONG.

8° *Catherine* de BERTIER, mariée à *Jean* de GENESTE.

VII. PHILIPPE de BERTIER, Baron de Montrabe et de Launaguet, mort en 1618, Président au parlement de Toulouse par lettres-patentes du 27 novembre 1610, Conseiller d'état, marié le 12 juillet 1569 à *Catherine* de PAULO, sœur d'*Antoine* de PAULO, Grand-Maître de Malte, dont

1° JEAN, qui suit.

2° *Jean-Louis* de BERTIER, mort à Paris le 7 juin 1662, dans un âge très avancé ; Évêque d'Héliopolis, Coadjuteur de son oncle JEAN, Évêque de Rieux, auquel il succéda en 1621 ; Abbé de Lezat, par la cession que lui fit son autre oncle BERTRAND.

3° *Jean-Philippe* de BERTIER, Abbé de Saint-Vincent de Senlis, agent général du Clergé, testa en mai 1667 et mourut le 28 décembre suivant.

4° *Bertrand* de BERTIER, marié le 25 janvier 1612 à *Jacquette* du CATEL, dont il n'eut que des filles, dont l'aînée, *Bourguine*, fût mariée en 1632 à N. de FLOTTE.

5° *Marguerite* de BERTIER, mariée, 1°, en 1590, à *Gaspard* de VIGNAULT ou VIGNALS ; 2°, le 18 juillet 1600, à *Pierre* de CAUMELS.

6° *Catherine* de BERTIER, mariée, 1°, en 1590, à *Bertrand* d'ALLIEZ, 2°, en 1630, à N. du BOURG.

7° *Marthe* de BERTIER, mariée en 1604 à *Gaubert* de CAMINADE.

VIII. JEAN de BERTIER, Chevalier, Baron de Montrabe et de Belpech, premier Président du Parlement de Toulouse en 1632, mort en 1652, marié le 21 juillet 1621 à *Marie* Le COMTE, dont

1° FRANÇOIS, qui suit.

2° *Jean-Philippe* de BERTIER, Conseiller d'État, mort en août 1682, sans postérité.

3° *Antoine-François* de BERTIER, Abbé de Lezat, par la cession que lui en fit son oncle JEAN-LOUIS ; il lui succéda également à l'évêché de Rieux en 1662 et mourut le 29 octobre 1705, âgé de 75 ans.

4° *Jeanne* de BERTIER, mariée le 15 février 1639 à *Jean* de GARIBAL.

5° *Jeanne* de BERTIER, Abbesse de Fabas.

6° *Marguerite* de BERTIER, Abbesse de Fabas, morte le 15 août 1704.

7° *Marthe* de Bertier, mariée, 1° à *Antoine* de Boysset ; 2°, le 30 mai 1647, à *Henry* d'Auzon de Cobreyrolles.

8° *Catherine* de Bertier, mariée le 8 février, à *Roger*, Marquis de Foix, Baron de la Gardiole, dont

1° *Élisabeth* de Foix, mariée le 19 juillet 1691, à *Pierre* de Montesquiou, Seigneur du Faget et d'Auriac.

2° *Hippolyte* de Foix, mariée à N. de Rochefort-Marquain.

IX. François de BERTIER, Baron de Montrabe et de Belpech, conseiller au parlement de Toulouse, marié à N. de Levis, dont

1° François, qui suit.

2° *David-Nicolas* de Bertier, premier Évêque de Blois, le 15 septembre 1696, mort le 20 août 1719, à 67 ans.

X. François de BERTIER, Baron de Montrabe et de Saint-Geniez, premier Président du parlement de Toulouse en 1710, marié à *Marie* de Castelan, dont une fille unique

1° Catherine de Bertier, mariée à *Louis*, Vicomte de Fumel, dont

1° *Jean-Félix-Henri* de Fumel, né en 1719, Évêque de Lodève le 25 mars 1750.

2° *Joseph*, Marquis de Fumel, mestre de camp de cavalerie.

3° *Georges*, Vicomte de Fumel.

4° *François*, Chevalier de Fumel, colonel du régiment de son nom, devenu depuis Royal-Picardie.

5° *Marguerite* de Fumel, mariée le 11 août 1750 à *Alexandre* de Cugnac, Comte de Giversac.

6° *Louise* de Fumel, religieuse.

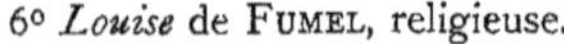

F. Seigneurs de Saint-Geniez.

VII. UILHAUME de BERTIER, second fils de LOUIS de BERTIER, Seigneur de Montrabe, et de *Marguerite* de TAPPIE de ROQUE-de-MONTELS, fut Seigneur de Saint-Geniez, capitoul en 1595; il mourut le 16 avril 1634, ayant épousé en 1541 *Françoise* de MENSENCAL, dont

1° JEAN, qui suit.
2° *Marie* de BERTIER, mariée en 1570 à *Jacques* du BOURG.
3° *Jeanne* de BERTIER.
4° *Catherine* de BERTIER, mariée en 1604 à *Louis* de MICHAELIS.

VIII. JEAN de BERTIER, Baron de Saint-Geniez, premier Président du parlement de Toulouse en 1631, marié à *Éléonore* d'ESPLAS de GRANIAGUE, morte le 30 juillet 1682, dont

1° *Pierre* de BERTIER, né en 1608, mort le 28 juin 1674, Coadjuteur d'Anne de Murviel, Évêque de Montauban, puis Évêque d'Utique et de Montauban. Orateur célèbre, il fit les oraisons funèbres de la plupart des grands personnages de l'époque, des Cardinaux de Richelieu et Mazarin, du Roi Louis XIII, d'Anne d'Autriche, du Maréchal de Schomberg, du Prince de Conti, etc.
2° *François* de BERTIER, Baron de Saint-Geniez, marié à N. de LEVIS, sans postérité (1).
3° *Thomas* de BERTIER, qui a fait la branche des Seigneurs de Sauvigny-le-Bois en Bourgogne (lettre G).
4° *Guilhaume* de BERTIER, marié à *Catherine* de MURVIEL.
5° *Marguerite* de BERTIER, mariée à *Jean* de COMINYHAN.
6° *Antoinette* de BERTIER, mariée à N. SÉGUIER.
7° *Catherine* de BERTIER, religieuse, morte le 8 avril 1677.

(1) Le contrat de mariage de ce FRANÇOIS de BERTIER est un des rares qui manquent aux archives de Pinsaguel. La plupart des généalogies le disent marié à une demoiselle de LEVIS ; suivant d'autres titres existant à Pinsaguel, il aurait épousé *Antoinette* de BONNANT d'AUBECOQUE. Laquelle de ces alliances est la véritable? On l'ignore : peut-être toutes les deux ; en tous cas, FRANÇOIS de BERTIER, qui était Baron de Firmin et de Saint-Geniez, n'a pas laissé de postérité.

24 juillet 1886.

par MURET (Haute-Garonne), **Château de Pinsaguel.**

MON CHER COUSIN,

E viens de vous renvoyer notre Généalogie; elle est exacte et conforme aux titres originaux existant dans les archives du Château de Pinsaguel, en ce qui concerne les branches de Pinsaguel, de Grolejac, du Vernet, de Montrabe.

Le double, certifié conforme par quatre gentils hommes et timbré du sceau de leurs armes, se trouve déposé dans les archives du vénérable chapitre de l'Ordre de Saint-Jean de Jérusalem ou de Malte, dont nous avons l'honneur de faire partie.

Mon père me charge de toutes ses amitiés pour vous, et moi, mon cher Cousin, je vous assure de mes sentiments les plus affectueux.

ADRIEN Comte de BERTIER-PINSAGUEL.

A Monsieur le Comte CHARLES DE BERTIER DE SAUVIGNY,
Faubourg Saint-Honoré, 102,
PARIS.

G. Seigneurs de SAUVIGNY-LE-BOIS (Bourgogne).

Portent, *d'or, à un taureau cabré de gueules, chargé de cinq étoiles d'argent posées en bande.* Supports, *deux lions;* Couronne *de Duc;* Devise, « *Ornat sidera virtus.*

IX. HOMAS de BERTIER, troisième fils de Jean de BERTIER, Seigneur de Saint-Geniez, premier Président du parlement de Toulouse, et d'*Éléonore* d'ESPLAS de GRANIAGUE, Maître d'hôtel du Roi par commission du 1er janvier 1649 ; secrétaire du Prince de Condé, Gouverneur de Bourgogne, par provisions de 1666 ; Conseiller du Roi en 1668 ; Trésorier général des États de Bourgogne ; devenu, par acquisition, Seigneur de Massingy, de Villefery, d'Arnay-sous-Viteau, de Dampierre-en-Auxois, de Tharost, de Sauvigny-le-Bois, près Avallon. Il mourut en 1670, ayant épousé, le 2 février 1643, *Marie-Magdelaine* MARTENOT, baptisée le 12 janvier 1626, morte le 6 avril 1706, fille de *Symon* MARTENOT, receveur du grenier à sel, et de *Jeanne* MILLOT, dont

1° CLAUDE-BÉNIGNE, qui suit.

2° *Marie-Magdelaine* de BERTIER, née à Dijon, le 16 décembre 1647, supérieure de la Visitation d'Avallon, morte le 23 avril 1709, en odeur de sainteté.

3° *Anne-Joseph* de BERTIER, qui fut supérieure de la Visitation d'Avallon après sa sœur, dont la vie, écrite par elle, se trouve aux archives de la Visitation d'Annecy.

4° *Anne* de BERTIER, mariée, par contrat du 5 août 1675, à *Benoist-Étienne* Le GOUX-MAILLARD, Seigneur de Rozière, Saint-Seyne-sur-Vingennes, Liencour, Broye, etc., Président à mortier au parlement de Dijon, fils de *Benoist* Le GOUX-MAILLARD et de *Magdelaine* BOUHIER, dont

1° *Magdelaine* Le GOUX-MAILLARD, née le 12 décembre 1676.

2° *Bénigne* Le GOUX-MAILLARD, né le 28 janvier 1678.

3° *Marie-Magdelaine* LE GOUX-MAILLARD, née le 28 décembre 1679.

4° *Jeanne-Marie* LE GOUX-MAILLARD, née le 26 avril 1681.

5° *Louise-Marie* Le GOUX-MAILLARD, née le 21 novembre 1682, mariée, par contrat du 23 mai 1703, à *Marie-Antoine* TURGOT, Marquis de Saint-Clair, Conseiller au grand Conseil, fils d'*Antoine* TURGOT et de *Jeanne* du Tillet.

6° *Anne-Josèphe* Le GOUX-MAILLARD, née le 26 octobre 1683, mariée, par contrat du 28 mars 1708, à *Pierre-Antoine* ROUILLÉ, Chevalier, Seigneur du Coudrai, Conseiller au parlement de Paris, fils de *Pierre* ROUILLÉ et de *Françoise* BITAULT, dont

Émilie-Anne ROUILLÉ, mariée à *Charles* Comte de MONTESSON, lieutenant-général des armées du Roi.

7° *Magdelaine-Antoinette* Le GOUX-MAILLARD, née le 18 juillet 1685, morte le 20 juillet 1765, mariée, par contrat du 9 juillet 1709, à *Louis* de BOUTHILIER, Marquis de Villesavin et de Pons-sur-Seine, colonel du régiment de Quercy, troisième fils d'*Armand-Léon* de BOUTHILIER, Comte de Chavigny, et d'*Élisabeth* BOSSUET.

5° *Joseph* de BERTIER, Seigneur d'Hauteroche, Conseiller au parlement de Bourgogne, mort le 19 décembre 1692, marié par contrat du 12 décembre

1688 à *Magdelaine* Tapin, fille de *Pierre* Tapin, Seigneur de Perrigny, et de *Marie* Maire, dont

1° *Benoist-Étienne* de Bertier, Conseiller au parlement de Paris, né le 9 septembre 1689, mort le 23 janvier 1754, sans alliance.
2° *Anne* de Bertier, religieuse à la Visitation d'Avallon.
3° *Marie-Louise* de Bertier, religieuse à la Visitation d'Avallon.

X. Claude-Bénigne de BERTIER, Seigneur de Sauvigny-le-Bois, Villefery, Arnay-sous-Viteau, Tharost, etc., mort le 2 juillet 1682, marié, par contrat du 12 février 1676, à *Louise-Marie* de Machault, morte le 25 août 1694, fille unique de *Louis* de Machault et de *Louise-Marie* de la Vergne, dont

1° Louis-Bénigne qui suit.
2° *Claude-Bénigne* de Bertier, né en 1677.
3° *Charlotte-Marie* de Bertier, née en 1678, religieuse à la Visitation d'Avallon.
4° *Marie-Anne* de Bertier, née en 1680, religieuse à la Visitation d'Avallon.

XI. Louis-Bénigne de BERTIER, Seigneur de Sauvigny-le-Bois, Villefery, etc., né le 3 novembre 1676, mort le 31 août 1745 ; Gentilhomme de la vénerie du Duc d'Orléans ; Président de la cinquième chambre des enquêtes au parlement de Paris, par provisions du 13 juillet 1713 ; marié, par contrat du 9 juillet 1708, à *Jeanne* Orry, née le 17 mai 1685, morte en 1739, fille de *Jean* Orry, Comte de Vignory, Chevalier de l'Ordre du Roi, Président à mortier au parlement de Metz, Ministre des finances de Philippe V, Roi d'Espagne, et de *Jeanne* Esmonin, dont

1° Louis-Jean, qui suit.
2° *Anne-Louis* de Bertier, Abbé de Vezelai, né le 21 août 1710, mort en 1769.
3° *Anne-Henriette* de Bertier, née le 19 septembre 1714, religieuse à la Visitation d'Avallon.

XII. Louis-Jean de BERTIER, Chevalier, Marquis de Bertier, Seigneur de Sauvigny-le-Bois, etc., né le 28 mars 1709, mort le 23 août 1788, inhumé à Paris, dans la chapelle de Saint-Claude, située entre les 15e et 16e piliers de l'église Saint-Nicolas-des-Champs ; Intendant des Généralités de Moulins, Grenoble, Paris ; Président au grand Conseil ; Doyen du Conseil d'état ; premier Président du parlement de Paris, du 3 mars 1771 au 5 octobre 1774. Il reçut, lors de sa retraite, des Lettres d'Honneur, l'autorisant à conserver, dans ses armoiries, la couronne de Duc, le Mortier et autres marques distinctives, accordées au premier Président du parlement de Paris. Il avait épousé, par contrat du 1er janvier 1736, *Louise-Bernarde*

DUREY d'HARNONCOURT, née en 1716, morte le 5 mars 1775, fille de *Pierre* DUREY d'HARNONCOURT, Seigneur de Sainte-Geneviève-des-Bois, Morsan-sur-Orge, Villemoisson, etc., Chevalier, Conseiller du Roi, Receveur général des finances en la Comté de Bourgogne, et de *Françoise* de la MARQUE, dont

XIII. LOUIS-BÉNIGNE-FRANÇOIS de BERTIER, Marquis de Bertier, Chevalier, Marquis d'Arnay, Vicomte de Tharost et de Genouilly, Baron de Lisle-sous-Montréal, Seigneur de Sauvigny-le-Bois, Presles, Cussy-les-Forges, Sainte-Magnance, Villefery, Dampierre-en-Bourgogne, Origny, Sainte-Colombe, Provancy-en-Champagne, Estroches-en-Nivernais, Sainte-Geneviève-des-Bois, Morsan-sur-Orge, près Paris, etc.; Conseiller au grand Conseil, Maître des requêtes, Intendant de la généralité de Paris, Surintendant de la Maison de la Reine; né le 24 mars 1737. Administrateur hors ligne, dévoué à la France et au Roi, il était, par sa capacité et son énergie, un obstacle sérieux aux menées révolutionnaires. Sa mort fut décidée, ainsi que celle de FOULLON, son beau-père, non moins habile et résolu pour la défense du trône; tous deux furent massacrés à l'hôtel-de-ville de Paris, le 22 juillet 1789.

Il avait épousé, par contrat du 21 janvier 1764, *Marie-Josèphe* FOULLON, née le 9 novembre 1747, morte le 12 janvier 1786, fille de *François* FOULLON, Baron de Doué, Intendant-général de la guerre, de la marine, des finances, Conseiller d'état, Trésorier et Grand-Croix de l'Ordre royal et militaire de Saint-Louis, et d'*Isabelle-Eugène-Joseph* VANDERDUSSEN, Baronne de Dussen, dont

1° *Anne-Louise* de BERTIER, née le 30 juillet 1765, baptisée le lendemain à la paroisse Saint-Nicolas-des-Champs à Paris, ainsi que tous ses frères et sœurs, mariée le 5 février 1782 au Comte de la BOURDONNAYE-BLOSSAC, morte le 29 décembre 1793.

2° *Bernarde-Françoise* de BERTIER, née le 6 mai 1767, mariée le 19 février 1786, au Comte de la MYRE-MORY, morte le 20 février 1817.

3° *Antoine-Louis-Joseph* de BERTIER, Marquis d'Arnay, né le 20 octobre 1768, mort sans alliance le 3 avril 1837.

4° *Anne-Pierre* Vicomte de BERTIER de SÉQUIGNY, né le 14 août 1770, marié, le 13 février 1803, à *Renée* de FOUQUET, mort le 10 septembre 1848.

5° *Antoinette-Bernarde* de BERTIER, née le 8 juin 1772, mariée, le 24 mai 1789, au Vicomte de PARDIEU.

6° *Angélique-Élisabeth* de BERTIER, née le 1er octobre 1774, morte le 5 mars 1787, et enterrée le lendemain dans l'église Saint-Nicolas-des-Champs.

7° *Bénigne-Louis* Comte de BERTIER, né le 3 mars 1777, marié à *Louise* de FORGES, mort le 27 mars 1814.

8° *Anne-Élisabeth* de BERTIER, née le 10 octobre 1780, morte le 28 juin 1781, enterrée le lendemain dans l'église Saint-Nicolas-des-Champs.

9° *Anne-Ferdinand-Louis* Comte de BERTIER, né le 13 mars 1782, marié, 1° le 12 février 1805, à *Thaïs* d'ORMESSON ; 2° à *Amélie* de BASCHI ; 3° à *Pauline* de RIENCOURT, mort le 5 septembre 1864.

10° *Blanche-Louise-Antoinette* de BERTIER, née le 29 juillet 1784, mariée le 3 mai 1802, au Comte de SOLAGES, morte le 21 février 1843.

La plupart de ces enfants ayant laissé une nombreuse postérité, chacun d'eux, avec sa descendance, formera l'objet d'un article spécial.

Famille de la Bourdonnaye-Blossac.

XIV. Nne-Louise de BERTIER, née le 30 juillet 1765, morte à Bruxelles le 29 décembre 1793 ; mariée, par contrat du 5 février 1682, signé par le Roi, la Reine, Madame *Josèphe-Jeanne* de Lorraine, sœur de l'Empereur d'Autriche, et par la famille royale, à *Charles-Esprit-Marie*, Comte de la Bourdonnaye-Blossac, né en 1753, mort en 1840, à Arcy-sur-Cure, département de l'Yonne, dont

1° *Edmond-Esprit-Louis* de la Bourdonnaye, né en 1784, officier au service d'Angleterre, mort à Carthagène en 1812.

2° *Raoul* de la Bourdonnaye, officier de dragons français, mort en Espagne, en 1812.

3° *Léopold* de la Bourdonnaye, mort à Bretteville, en 1797.

4° *Isidore* de la Bourdonnaye, auditeur au Conseil d'état, sous-préfet à Sancerre, mort à Autun en 1819.

5° *Caroline-Marie-Louise* de la Bourdonnaye, morte à Paris, le 5 mars 1835 ; mariée, en 1812, à *Edmond* de Droullin, Marquis de Menilglaise, né en 1791, mort à Paris, le 8 mai 1815, dont

1° *Anne-Alphonsine* de Droullin de Menilglaise, née le 29 avril 1813 ; mariée, le 4 mai 1835, à *Denis-Charles* de Godefroy, Marquis de Menilglaise par substitution, né à Francfort-sur-le-Mein, le 22 août 1795, mort le 20 juillet 1877, dont

1° *Raoul-Denys-Marie*, Marquis de Godefroy-Menilglaise, né à Paris, le 25 février 1836 ; marié, le 4 juin 1861, à *Marie-Émilie-Zeïla* de Pontjarno, sans enfants.

2° *Denise-Marie-Caroline-Louise* de Godefroy, née le 11 février 1839 ; mariée, le 5 octobre 1859, à *Thibaut* Roch, Comte de Chasteignier, né en 1822, mort à Saint-Michel-le-Clouq, le 26 août 1865, sans enfants.

3° *Hélène-Marie-Alphonsine* de GODEFROY, née le 11 novembre 1852, morte le 19 novembre 1873.

2° *Philiberthe-Charlotte* de DROULLIN de MENILGLAISE, née posthume, le 18 septembre 1815, mariée en décembre 1836, à *Pierre-Marie-Henri*, Marquis de Pleurre, mort le 9 mars 1877, à 64 ans, dont

1° *Henriette-Charlotte-Maria-Alexandrine* de PLEURRE, née le 26 octobre 1838, morte le 11 mars 1869; mariée le 6 juin 1861, à *Yves*, Comte du FOU, fils de *Jules*, Comte du FOU, et de *Marion* du ROSAY, dont

1° *Jean* du FOU, né le 23 octobre 1865.

2° *Yves* du FOU, né le 16 janvier 1867.

3° *Pierre* du FOU, né le 19 janvier 1868.

4° *François* du FOU, né le 1er février 1869, mort en mars 1869.

2° *Marie-Charles-Albéric*, Marquis de PLEURRE, né le 11 septembre 1841; marié, le 9 mars 1874, à *Michelle-Berthe-Fiorenza* de BROSSIN de MÉRÉ, fille d'*Alexis-Hippolyte-Xavier*, Comte de BROSSIN de MÉRÉ, et de *Clotilde-Thérèse* LEGRAND de BOISLANDRY, dont

1° *Marguerite* de PLEURRE, née le 26 février 1875.

2° *Alix* de PLEURRE.

3° *Pierre*, Comte de PLEURRE, né le 10 juillet 1847, ancien lieutenant au 9e hussards; marié, le 16 juillet 1872, à *Louise* DEVEZEAU de RANCOUGNE, fille du Marquis de RANCOUGNE et de N. LE MESLE; sans enfants

6° *Amédée-Esprit-Eugène* de la BOURDONNAYE, qui suit.

XV. AMÉDÉE-ESPRIT-EUGÈNE, Comte DE LA BOURDONNAYE-BLOSSAC, né le 11 septembre 1785, mort au château d'Avrolles (Yonne) le 30 avril 1846; marié, le 29 avril 1818, à *Alexandrine-Louise-Marie* de TULLE de VILLEFRANCHE, née à Lyon, le 30 juillet 1796, morte au château de Looze (Yonne), le 26 mars 1838, dont

1° *Hermine-Marie-Joséphine-Alexandrine* de la BOURDONNAYE, née le 5 février 1819, morte au château du Déchaux (Jura), le 15 décembre 1853; mariée, le 24 avril 1844, à *Charles-Marie*, Comte de VAULCHIER, né le 30 novembre 1812, mort le 1er octobre 1885, dont

1° *Céleste* de VAULCHIER, née le 31 janvier 1845, mariée le 9 juin 1864, au Comte de Vezet, sans enfants.

2° *Caroline* de VAULCHIER, mariée, le 26 janvier 1870, à *Philibert*, Comte de JALLERANGE, dont

1° *Céleste-Marie-Pauline* de JALLERANGE, née le 30 juillet 1873.

2° *Noëlie-Pierrette-Marie* de JALLERANGE, née le 30 décembre 1879.

3° *Charles-Léon-Marie* de JALLERANGE, né le 29 août 1882.

2° *Pauline-Marie-Constance-Louise* de la BOURDONNAYE, morte le 19 juin 1826.

3° *Charles-Esprit-Marie-Ferdinand* de la BOURDONNAYE, né le 24 septembre 1824, mort à Paris le 24 septembre 1843.

4° *Caroline-Eugénie-Alexandrine-Marie* de la BOURDONNAYE, née à Paris le 29 novembre 1825; mariée le 24 juin 1854 à *René-Gaspard*, Vicomte de VAULCHIER, né le 23 février 1817, mort le 15 novembre 1880, dont

1° *Céleste* de VAULCHIER, née le 29 mars 1855, morte le 1er décembre 1880.

2° *Constance* de VAULCHIER, née le 31 décembre 1857; mariée le 3 mai 1880 à *Paul*, Comte de CARRELET, dont

1° *Marie-Charles-Gilbert* de CARRELET, né le 6 avril 1881.

2° *Marie-René* de CARRELET, né le 6 septembre 1882.

3° *Georges* de VAULCHIER, né le 25 janvier 1859.

4° *Charles* de VAULCHIER, né en 1861, mort en 1864.

5° *Simone* de VAULCHIER, née le 2 mars 1863.

6° *Pauline* de VAULCHIER, née le 6 janvier 1865.

7° *René* de VAULCHIER, né le 25 janvier 1868.

5° *Léon-Marie-Esprit-Gaston* de la BOURDONNAYE, qui suit.

XVI. LÉON-MARIE-ESPRIT-GASTON Comte de la BOURDONNAYE-BLOSSAC, né à Paris, le 4 janvier 1829; marié à Paris, le 17 janvier 1856, à *Marie-Clotilde* CLÉREL de TOCQUEVILLE, née au Pecq, le 17 juillet 1833, dont

1° *Jeanne-Marie* de la BOURDONNAYE, née à Bangy, le 5 janvier 1857.

2° *Laurence-Marie* de la BOURDONNAYE, née à Bangy, le 15 avril 1858.

3° *Esprit-Marie* de la BOURDONNAYE, né à Avrolles, le 12 août 1859, mort le 18 février 1865.

4° *Bruno-Esprit-Marie* de la BOURDONNAYE, né à Avrolles, le 19 octobre 1860.

5° *Esprit-Marie-René* de la BOURDONNAYE, né à Avrolles, le 23 janvier 1868.

Famille de la Myre-Mory.

XIV. ERNARDE-FRANÇOISE de BERTIER, née le 6 mai 1767, morte le 20 février 1817; mariée, par contrat du 19 février 1786, signé par le Roi, la Reine et la famille Royale, à *André-Jérôme* de la MYRE, Comte de Mory d'Honneinghem, né le 8 avril 1762, mort le 18 septembre 1807; mestre de camp, a fait les campagnes d'Amérique et de l'armée de Condé, fils de *François-Jean* de la MYRE, Comte de Mory d'Honneinghem, et de *Marie-Anne-Thérèse* de CHAMBORANT de la CLAVIÈRE, dont

1° *Ernestine-Marie-Louise* de la MYRE-MORY, née le 30 juillet 1787, morte le 18 juillet 1875; mariée, par contrat du 30 août 1809, à *Edme-Charles* SEGUIN de BROÏN, né le 1er février 1782, mort le 8 février 1871, officier de la Garde royale, fils de *Nicolas* SEGUIN de BROÏN et de *Claudine-Huguette* COCHET de SAVIGNY, dont

- 1° *Elphège* SEGUIN de BROÏN, né en 1810, capitaine d'artillerie, tué en Afrique le 19 octobre 1841.
- 2° *Léonie* SEGUIN de BROÏN, née le 20 juin 1814, morte le 27 décembre 1847, mariée, le 7 janvier 1840, à *Amédée* TRAMBLY de LAISSARDIÈRE, dont
  - 1° *Louise-Marie* TRAMBLY de LAISSARDIÈRE, née le 3 novembre 1840.
  - 2° *Gabriel* TRAMBLY de LAISSARDIÈRE, né le 27 décembre 1847, marié, le 5 juin 1872, à *Augustine* PATHING de VAULGRENANT, dont
    - 1° *Amédée* TRAMBLY de LAISSARDIÈRE, né le 12 février 1879.
    - 2° *Gustave* TRAMBLY de LAISSARDIÈRE, né le 10 mars 1880.
    - 3° *Auguste* TRAMBLY de LAISSARDIÈRE, né le 17 août 1881.
    - 4° *Léonie* TRAMBLY de LAISSARDIÈRE, née le 27 février 1883.
    - 5° *Louis* TRAMBLY de LAISSARDIÈRE, né le 23 juin 1884.
- 3° *Édouard* SEGUIN de BROÏN, né le 1er avril 1816, mort le 16 janvier 1880, marié, le 3 février 1846, à *Marguerite* LECOURT de BÉRU, dont
  - 1° *Alix* SEGUIN de BROÏN, née le 21 janvier 1847, mariée, le 27 avril 1876, au Comte DESSOFFY de CZERNECK, dont

1° *Jean* DESSOFFY de CZERNECK, né le 21 août 1880.

2° *Germaine* DESSOFFY de CZERNECK, née le 15 novembre 1882.

2° *Marie* SEGUIN de BROÏN, née le 15 août 1851, mariée, le 2 mai 1882, au Comte LE BORGNE de la TOUR, dont

1° *Édouard* LE BORGNE de la TOUR, né le 22 janvier 1884.

3° *Marguerite* SEGUIN de BROÏN, née le 6 février 1855.

4° *Athénaïs* SEGUIN de BROÏN, née le 25 mars 1822, morte le 23 mars 1858, mariée 1843, à *Alexandre* Baron de BENOIST, dont

1° *Emmanuel* de BENOIST, né le 6 octobre 1844, marié le 1er février 1869, à *Marthe* BASCHET-DESLANDES, dont

1° *Roger* de BENOIST, né le 12 février 1871.

2° *Antoinette* de BENOIST, née le 4 mai 1872.

3° *Athénaïs* de BENOIST, née le 14 novembre 1873.

4° *Marguerite* de BENOIST, née le 31 janvier 1875.

2° *Ernest* de BENOIST, né le 17 novembre 1846, marié le 20 septembre 1874, à *Élisabeth* LE DUC, dont

1° *Marie-Christine* de BENOIST, née le 10 octobre 1875.

2° *Aimé* de BENOIST, né le 17 juillet 1878.

3° *Léonie* de BENOIST, née le 17 novembre 1851, mariée le 9 août 1876, à *Paul* de MORANCY, officier supérieur d'infanterie.

5° *Amédée* SEGUIN de BROÏN, né le 3 septembre 1826, marié, le 24 janvier 1854, à *Marie* LE COURT d'HAUTERIVE, fille du Baron d'HAUTERIVE et de *Georgine* ONSLOW, dont

1° *Ernestine-Marie* SEGUIN de BROÏN, née le 18 novembre 1855, religieuse de Jésus-Marie, à Barcelone.

2° *Charles* SEGUIN de BROÏN, né, le 7 novembre 1860.

3° *Henriette* SEGUIN de BROÏN, née, le 8 février 1863.

4° *Marie-Anne* SEGUIN de BROÏN, née, le 5 septembre 1864.

5° *Paul* SEGUIN de BROÏN, né, le 17 décembre 1869.

2° *Albine-Anne-Françoise* de la MYRE-MORY, née le 24 avril (ou août) 1788, morte en 1790.

3° *Alfred* de la MYRE-MORY, né le 11 octobre 1790, mort peu après.

4° *Arnold-Pierre-Aimé* de la MYRE-MORY, né le 17 janvier 1793, mort le 24 avril 1814.

5° *Anne-Auguste-Jacques* Comte de la MYRE-MORY, mort le 21 août 1883, qui suit.

6° *Albine-Antoinette-Madelaine* de la MYRE-MORY, née le 28 juin 1796, morte le 26 novembre 1866, mariée en 1820, à *François-Charles-Henry-Hubert*, Baron de WISSEL, officier supérieur de cavalerie, né le 15 novembre 1775, mort au château de Paray (Indre), le 25 avril 1859, fils de *Charles-Henry-Hubert*, Baron de WISSEL, et de *Marguerite* GOYON, dont

1° *Henriette* de WISSEL, née le 18 juin 1821, mariée le 12 juin 1843, à *Henri-Adrien-Imbert* de TREMIOLLES, né le 3 juin 1813, mort le 8 octobre 1885, officier de marine, fils de *Charles-Henri-Antoine-Imbert* de TREMIOLLES et d'*Anne* GRANGHEON de VODOT, dont

1° *Marie-Victorine-Adrienne* de TREMIOLLES, née le 12 mars 1844, mariée le 29 décembre 1868, à *Marie-Étienne-Charles*, Comte de FALAISEAU, chef d'escadron d'artillerie de l'armée pontificale, né le 20 septembre 1839, fils de *Charles-Philippe-Marie*, Marquis de FALAISEAU, et de *Marie-Thérèse-Sophie* de MAUMIGNY, dont

1° *Marie-Thérèse-Charlotte-Henriette* de FALAISEAU, née à Rome, le 15 octobre 1869.

2° *Ernest-Charles*, Baron de WISSEL, né le 28 janvier 1823, mort le 15 août 1885, à Paray, par Palluau (Indre), marié, le 25 mai 1851, à *Henriette* de GIVERVILLE, morte sans enfants, le 23 juillet 1886, fille de *Bernard*, Comte de GIVERVILLE, et de N. le CORNU de BALIVIÈRE.

3° *Charlotte-Marie* de WISSEL, née en 1827, religieuse au premier monastère de la Visitation, à Paris.

7° *Athénaïs-Albine-Eusèbe* de la MYRE-MORY, née le 26 janvier 1800, morte le 15 décembre 1800.

8° *Zéphyrine-Louise-Ferdinande* de la MYRE-MORY, née le 26 juin 1801, morte le 26 avril 1846, mariée le 15 novembre 1824, à *Jean-Amédée*, Comte de LAURENCIN, né le 10 juillet 1791, fils de *Philippe-Marie-Angélique*, Comte de LAURENCIN-BEAUFORT, Colonel de cavalerie, Chevalier de Saint-Louis, et de *Jeanne-Marie-Henriette* de MONTEYNARD, dont

1° *Marie-Édouard*, Comte de LAURENCIN-BEAUFORT, né le 8 septembre 1825, marié le 18 mai 1854, à *Eugénie-Marie-Joseph* de PIOLENC, née le 8 septembre 1835, fille d'*Eugène-Marie-Alexandre*, Marquis de PIOLENC, et de *Jeanne-Marie-Adrienne* de MORGAN, sans enfants.

9° *Pulchérie-Claudine-Marguerite* de la MYRE-MORY, née le 16 mai 1805, morte en 1826.

XV. ANNE-AUGUSTE-JACQUES, Comte de la MYRE-MORY, ancien officier de cavalerie, démissionaire en 1830, Chevalier de la Légion d'honneur, né le 11 septembre 1794, mort le 21 août 1883, marié le 12 juin 1824, à *Louise-Alexandrine-Jeanne-Amédée* de LUR-SALUCES, née en 1800, morte le 10 septembre 1852, dont

1° *Marie-Amédée-Madeleine* de la MYRE-MORY, née le 10 août 1825; morte le 7 décembre 1886, mariée, le 8 mai 1845, à *Ferdinand-Louis*, Comte de LUR-SALUCES, né le 22 juin 1815, mort sans enfants, le 1er octobre 1867.

2° *Ferdinand-Marie-René* de la MYRE-MORY, qui suit.

3° *Alexandre-Marie-Louis* de la MYRE-MORY, né le 13 août 1828, mort le 4 février 1832.

4° *Marie-Louise-Joséphine-Eugénie* de la MYRE-MORY, née le 21 septembre 1830, mariée, le 12 octobre 1852, à *Ludovic-Reine-Raoul*, Comte de BEAUREPAIRE-LOUVAGNY, né le 6 février 1828, enseigne de vaisseau, fils de *Jacques-Dominique-Urbain*, Vicomte de BEAUREPAIRE-LOUVAGNY, chef d'escadron de cavalerie, Chevalier de Saint-Louis et de la Légion d'honneur, et d'*Alexandrine-Gabrielle-Angélique* de la MYRE, dont

1° *Marie-Marguerite-Jeanne* de BEAUREPAIRE-LOUVAGNY, née le 20 juillet 1853, mariée le 20 octobre 1871, à *Marie-Philippe-Lucien-Romain*, Comte de DIESBACH de BELLEROCHE, né le 1er février 1842, mort le 18 septembre 1878, lieutenant aux Carabiniers suisses de l'armée pontificale, décoré de la croix de Mentana, fils de *Ladislas*, Comte de DIESBACH, et de *Caroline-Constance* de MAILLARDOZ, dont

1° *Caroline-Marie-Joséphine* de DIESBACH, née le 25 mai 1876, morte le 18 août 1878.

2° *Marie-Joseph-Raoul* de DIESBACH, né le 1er août 1877.

2° *Marie-Louise-Joséphine-Berthe* de BEAUREPAIRE-LOUVAGNY, née le 26 septembre 1855, religieuse du Sacré-Cœur de Paris, le 30 juillet 1879.

3° *Marie-Reine-Guillaume*, Vicomte de BEAUREPAIRE-LOUVAGNY, né le 7 juin 1857, lieutenant au 4e hussards, le 20 octobre 1883.

4° *Marie-Robert*, Vicomte de BEAUREPAIRE-LOUVAGNY, né le 9 avril 1859, lieutenant d'artillerie en 1882, démissionnaire en janvier 1883.

5° *Marie-Joseph-Urbain*, Vicomte de BEAUREPAIRE-LOUVAGNY, né le 10 janvier 1861, marié le 4 juin 1885 à *Albine-Adolphine-Marie* Le CLERC de BUSSY, veuve de N. de COMINES, née le 20 juillet 1858, fille de *Charles*, Comte Le CLERC de BUSSY, et d'*Hortense-Ghislaine* GOUPIL de BEAUVALERS.

6° *Marie-Joseph-Auguste* de BEAUREPAIRE-LOUVAGNY, né le 13 mars 1862, mort le 12 août 1863.

7° *Marie-Joséphine-Charlotte-Eugénie* de BEAUREPAIRE-LOUVAGNY, née le 1er novembre 1863, mariée le 28 mai 1885, à *Marie-Victor-Camille-*

Michel, Comte d'ARMANCOURT, né le 27 septembre 1858, fils du Comte d'ARMANCOURT et de *Marie-Louise* PARET, dont

1° *Antoine* d'ARMANCOURT, né le 21 avril 1886.

8° *Marie-Joseph-Alexandre* de BEAUREPAIRE-LOUVAGNY, né le 12 septembre 1865, sous-officier de chasseurs.

9° *Marie-Joseph-Jean* de BEAUREPAIRE-LOUVAGNY, né le 28 octobre 1866.

10° *Marie-Joséphine-Caroline* de BEAUREPAIRE-LOUVAGNY, née le 28 mars 1868.

5° *Marie-Henriette-Eugénie-Caroline* de la MYRE-MORY, née le 22 juin 1832, mariée le 17 septembre 1849, à *Maximilien*, Baron de VASSAL-CADILLAC, né le 5 janvier 1829, fils de *Philippe-Armand*, Baron de VASSAL, et de *Marie-Zelima* de la FAURIE de MONBADON, dont

1° *Philippe-Marie-Jean* de VASSAL, né le 14 août 1850, sous-lieutenant au 32e de ligne, mort le 28 janvier 1873 des suites de blessures reçues pendant la guerre de 1870.

2° *François-Marie-Gérard*, Baron de VASSAL, né le 29 janvier 1852, capitaine-commandant au 4e hussards, marié le 16 novembre 1886, à *Jeanne* de TRUCHIS de LAYS.

3° *Marie-Félicité-Eugénie-Laure* de VASSAL, née le 21 septembre 1853, mariée le 22 novembre 1871, à *Pierre-Marie-Robert*, Comte de FONTENAY, chef d'escadron, chevalier de la Légion d'honneur, né le 9 février 1838, fils de *Louis-Antoine-Théodore*, Marquis de FONTENAY, et de *Mélanie-Louise-Virginie* de l'ESTOILE, dont

1° *Marie-Joseph-Pia-Mélanie* de FONTENAY, née le 13 mai 1873.

2° *Marie-Joseph-Jacqueline* de FONTENAY, née le 25 février 1875.

3° *Marie-Joseph-Gérard-Jean* de FONTENAY, né le 1er janvier 1878.

4° *Marie-Joseph-Élisabeth-Térèse* de FONTENAY, née le 8 juillet 1879.

4° *Marie-Julienne-Théonie* de VASSAL, née le 22 novembre 1854, mariée le 4 février 1874, à *Henry* d'ANDOQUE de SERIÈGE, né le 7 novembre 1842, fils de *Henri-Barthélemy* d'ANDOQUE de SERIÈGE et de *Rose-Émilie* CAUSSAT, dont

1° *Marie-Pierre* d'ANDOQUE de SERIÈGE, né le 26 décembre 1874, mort le 23 avril 1877.

2° *Marie-Émilie* d'ANDOQUE de SERIÈGE, née le 7 mai 1876.

3° *Marie-Alexandre* d'ANDOQUE de SERIÈGE, né le 28 mai 1877.

4° *Marie-Caroline* d'ANDOQUE de SERIÈGE, née le 7 août 1880.

5° *Marie-Anne* d'ANDOQUE de SERIÈGE, née le 8 août 1883.

5° *Claire* de VASSAL, née le 6 septembre 1856, mariée le 17 octobre 1883, à

Georges-Gaston, Vicomte d'ASTOAUD SERVAN de BEZAURE, vice-consul de France à Foutchéou, attaché à la légation de France en Chine, né le 26 janvier 1852, fils de *Casimir-Sébastien-Martial*, Comte d'ASTOAUD SERVAN de BEZAURE, et de *Marie-Louise-Charlotte* MÉRITAN, sans enfants (juillet 1885).

6° *Marie-Térèze* de VASSAL, née le 30 juillet 1858, carmélite, le 8 septembre 1877.

7° *Marie-Laurence-Amélie* de VASSAL, née le 25 juillet 1859, mariée le 19 octobre 1881, à *Raymond-Joseph-Marie-Abel* de SERÉ de LANAUZE, né le 17 mai 1845, fils de *Joseph-Louis* de SERÉ de LANAUZE et de *Marie-Françoise-Mélite* HUGUES, dont

1° *Marie-Joseph-Maximilien* de SERÉ de LANAUZE, né le 5 novembre 1882.

2° *Marie-Joseph-François-Jacques* de SERÉ de LANAUZE, né le 2 janvier 1884.

3° *Marie-Joseph-Mélite* de SERÉ de LANAUZE, née le 5 février 1885.

8° *Marie-Joséphine-Romaine* de VASSAL, née le 6 mai 1861, carmélite, le 16 juillet 1879.

9° et 10° *Marie-Joseph-Louise* de VASSAL, religieuse du Sacré-Cœur et *Marie-Joseph-Agnès* de VASSAL, nées jumelles, le 28 mars 1863. *Agnès* morte le 4 mars 1864.

11° *Marie-Joseph-Germaine* de VASSAL, née le 24 janvier 1865.

12° *Marie-Joseph-Gabrielle* de VASSAL, née le 11 septembre 1866, religieuse au Sacré-Cœur, le 6 février 1885.

6° *Robert-Marie-Clément* de la MYRE-MORY, né le 28 mai 1835, mort le 29 octobre 1835.

7° *Geneviève-Marie-Louise* de la MYRE-MORY, née le 18 octobre 1836, carmélite à Lourdes.

8° *Louise-Marie* de la MYRE-MORY, née le 9 mars 1839, carmélite à Lourdes en 1876, morte le 5 juillet 1884.

XVI. FERDINAND-MARIE-RENÉ, Comte de la MYRE-MORY, né le 9 septembre 1826, marié le 15 juin 1853 à *Marie-Juliette* de la BORIE-SAINT-SULPICE, née le 21 mars 1836, dont

1° *Marie-Térèse* de la MYRE, née le 11 novembre 1854.

2° *Françoise-Marie* de la MYRE, née le 3 août 1856, religieuse de Saint-Vincent de-Paul en 1877, morte le 8 mai 1885.

3° *Arnold-Marie* de la MYRE, né le 23 octobre 1858, mort le 15 mars 1875.

4° *Robert-Marie* de la MYRE, né le 30 juillet 1860.

5° *Joseph-Marie* de la MYRE, né le 1 juillet 1862.

6° *Geneviève-Marie* de la MYRE, née le 20 mars 1865, morte le 6 mars 1882.

7° *Gabriel-Marie* de la MYRE, né le 8 avril 1867.

8° *Pierre-Marie* de la MYRE, né le 5 août 1870, mort le 11 mars 1871.

9° *Henry-Marie* de la MYRE, né le 9 septembre 1871.

10° *Marguerite-Marie* de la MYRE, née en mars 1874, morte en août 1874.

Branche de Bertier de Sequigny.

XIV. NNE-PIERRE de BERTIER de SEQUIGNY, Vicomte de BERTIER, né à Paris le 14 août 1770, mort le 10 septembre 1848 au château de la Grange, près Thionville, Chevalier de Saint-Louis le 7 janvier 1798, Commandeur de la Légion d'Honneur le 8 juin 1825, Grand-Croix de Saint-Ferdinand d'Espagne et de Sainte-Anne de Russie. Entré dans les Gardes de Monseigneur le Comte d'Artois le 22 juillet 1789, il fit les campagnes de l'armée de Condé sous les ordres de ce Prince, dont il était l'aide de camp le 15 juin 1791, combattit en Vendée pendant les Cent-Jours; Colonel du 3e de la Garde le 4 octobre 1815, Maréchal de camp le 26 février 1817, pour tenir rang du 6 octobre 1815, admis au traitement de réforme le 24 septembre 1830, déclaré démissionnaire pour non prestation de serment, le 30 mars 1833. Il se distingua dans la guerre d'Espagne en 1823, à la campagne d'Afrique en 1830; il commanda l'ouverture de la tranchée devant le fort l'Empereur, et après la capitulation d'Alger, il entra le premier dans cette ville à la tête du 35e de ligne, qui faisait partie de sa brigade. Il avait été nommé député à Versailles en 1815 et gentilhomme honoraire de S. M. le Roi Charles X le 7 juin 1825. Il avait épousé, le 13 février 1803, *Marie-Renée-Louise* de Foucquet, née le 17 mars 1778, morte le 12 juin 1845, fille de *Jean-Gabriel-René-François*, Marquis de Foucquet, Vicomte d'Auvillars, Colonel du régiment de Brie, et de *Marie-Louise-Eugénie* de Blondel d'Aubers, dont

1° *Anne-Renée-Clémence* de Bertier, née à Sainte-Geneviève-des-Bois, le 10 décembre 1804, morte en bas âge.

2° *Louis-René-Henri* de Bertier, mort à Sainte-Geneviève-des-Bois, le 18 avril 1806.

3° *Louis-René* qui suit.

4° *Anne-René-Louis* de Bertier, né le 8 mars 1810, mort au château de la Grange, près Thionville, le 8 janvier 1811.

Et plusieurs autres enfants morts en bas-âge.

XV. LOUIS-RENÉ, Comte de BERTIER, né au château de la Grange, près Thionville, le 31 août 1808, mort le 27 juin 1877, admis au nombre des pages des écuries du Roi le 19 juillet 1825, sous-lieutenant à l'école d'application d'état-major, le 27 février 1828, pour prendre rang du 1er septembre 1827, entré au régiment de carabiniers le 20 janvier 1829, a donné à la suite de la révolution de 1830 sa démission, qui a été acceptée le 13 novembre 1830, marié le 2 juillet 1835, à *Marie-Jacques-Éléonore* de KLINGLIN, née le 22 septembre 1815, morte le 17 février 1880, fille d'*Auguste-François-Éléonor*, Baron de KLINGLIN, né le 16 juillet 1785 à Strasbourg, Lieutenant-Colonel d'infanterie, Chevalier de Saint-Louis, et d'*Arthémine* de MASSON d'ESCLANS, née en 1794, dont

1° *René-Auguste-Anatole*, qui suit.

2° *Marie-Pierre-Louis* de BERTIER, né le 6 février 1842, mort à Paris, le 12 janvier 1862.

XVI. RENÉ-AUGUSTE-ANATOLE Comte de BERTIER de SAUVIGNY (1), aujourd'hui chef de nom et d'armes de la branche des BERTIER de SAUVIGNY, chef d'escadron au 9e cuirassiers, Chevalier de la Légion-d'Honneur, né à Paris le 1er octobre 1839, marié le 15 septembre 1874, à *Henriette-Jeanne-Marie-Thérèse* de KERGARIOU, née le 24 mars 1855, fille de *Emmanuel-Joseph-Marie*, Comte de KERGARIOU, et de *Mélanie-Pauline-Marie-Hyacinthe* CHRESTIEN de TREVENEUC, dont

1° *Marie-Renée-Louise* de BERTIER, née à Paris le 19 août 1875.

2° *Marie-René-Jean* de BERTIER, né à Saint-Mihiel le 31 octobre 1877.

(1) D'un commun accord, pris en 1872, et pour éviter toute confusion avec d'autres familles, portant également le nom de Bertier ou Berthier, les descendants mâles de *Louis-Bégnigne-François* de BERTIER, Marquis de BERTIER, de SAUVIGNY, dernier intendant de Paris, se sont décidés à joindre à leur nom de BERTIER celui de SAUVIGNY, tel que le portaient leurs ancêtres.

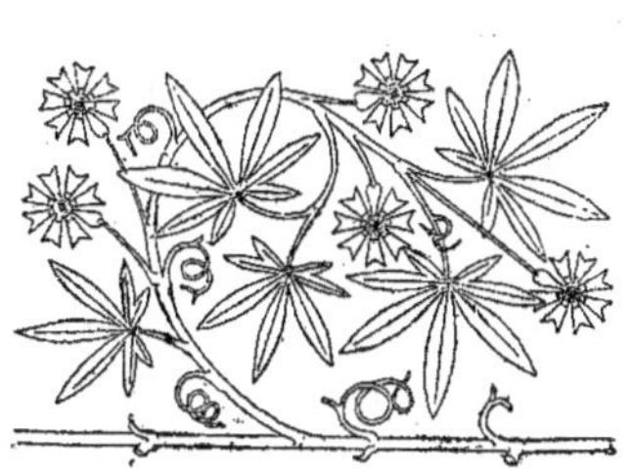

Famille de PARDIEU.

XIV. NTOINETTE-BERNARDE de BERTIER, née le 8 juillet 1772, mariée, par contrat du 24 mai 1789, signé par le Roi, la Reine et la famille royale, à *Louis-Joseph-Élisabeth-Centurion*, Vicomte de PARDIEU d'AVRÉMESNIL, né le 8 octobre 1767, mort le 12 mars 1860, fils de *Louis-Élisabeth*, Marquis de PARDIEU, Colonel aux grenadiers de France, et d'*Élisabeth* d'ARQUISTADE de SAINT-FULGENT, dont

1° *Stéphanie* de PARDIEU, née en 1793, morte en novembre 1821, mariée en novembre 1813, au Comte DAUGER, mort en 1851, dont

1° *Alfred-Alexandre*, Comte DAUGER, né en 1814, mort le 10 août 1852, marié à *Ernestine* JOURDAN, dont

Exupère, Vicomte DAUGER, père de

1° *Jeanne* DAUGER, née en 1847, morte en 1871.

2° *Marthe* DAUGER, née en 1849, morte en 1871.

2° *Elvire-Marie-Louise* DAUGER, née en 1819, mariée en 1839, à *Henri*, Comte de BOUVILLE, dont

1° *Ludovic* de BOUVILLE, né en 1839, mort en 1876.

2° *Georges*, Vicomte de BOUVILLE, né en 1841, marié le 2 octobre 1866, à *Laure* d'ABBADIE, dont deux fils et deux filles.

2° *Caroline* de PARDIEU, née en 1797, mariée en 1821 à *Bonaventure-Jules-Fredy*, Baron de COUBERTIN, dont

1° *Charles-Louis-Fredy*, Baron de COUBERTIN, né le 22 avril 1822, marié le 16 mars 1846, à *Agathe-Marie-Marcelle* GIGAULT de CRISENOY, dont

1° *Paul-Fredy*, Baron de COUBERTIN, né le 17 février 1847, marié le 10 janvier 1883, à *Violette* MACHIELS, sans enfants.

2° *Albert-Fredy*, Baron de COUBERTIN, né le 21 décembre 1848, marié le 17 juin 1873, à *Louise* COLLINET de la SALLE, née le 9 octobre 1852, fille de *Marie-Edmond* COLLINET, Comte de la SALLE, et de *Marie-Amanda* de GUIGNARD de SAINT-PRIEST.

3° *Adèle-Stéphanie-Aline-Marie-Fredy* de COUBERTIN, née le 21 novembre 1854, mariée le 10 avril 1877, à *Célestin-Frédéric-Albert-David*, Comte de MADRE, mort en février 1887, fils d'*Adolphe-Hyacinthe-Joseph*, Comte de MADRE, et de feue *Émilie* BOIVIN, dont

1° *Jeanne* de MADRE, née le 20 août 1878.

2° *Maurice* de MADRE, né le 3 octobre 1879.

4° *Pierre-Fredy* de COUBERTIN, né le 1er juin 1863.

Branche BÉNIGNE de BERTIER de SAUVIGNY.

XIV. EGNIGNE-LOUIS, Comte de BERTIER de SAUVIGNY, né le 3 mars 1777, mort le 27 mars 1814, a fait les campagnes de l'armée de Condé et venait d'être nommé commandant en second de la 8e division militaire au moment de sa mort à Toulouse. Il avait épousé *Marie-Louise* de BONNAIRE de FORGES, née vers 1779, morte le 22 juin 1859, dont

1° *Albert-Jules-Anne-Bénigne* de BERTIER, né le 8 octobre 1801, mort le 29 octobre 1849, capitaine de la garde royale, commissaire civil à Bone, préfet à Oran, marié le 6 octobre 1841, à *Coralie-Laurence* le POULTIER de MONTENANT, née le 22 novembre 1812, sans postérité.

2° *Henriette-Louise-Albertine* de BERTIER, née le 7 juin 1807, morte le 15 juillet 1875, à la Verrerie (Tarn); mariée le 5 mai 1830, à *Charles-Antoine-Marie-Léopold* de BOURGEVIN de LINAS de la NORVILLE, né en 1794, mort le 28 août 1872, dont

1° *Marguerite-Louise-Charlotte* de BOURGEVIN de LINAS, née le 4 juin 1831, mariée le 28 août 1858, à *Eugène-Philippe*, Baron de NEUFBOURG, conseiller à la Cour d'appel de Poitiers, Chevalier de la Légion d'honneur, mort le 27 janvier 1887, sans postérité.

2° *Charles-Albert-Marie* de BOURGEVIN de LINAS, né le 15 juin 1832, mort le 18 août 1884, chef de bataillon, Chevalier de la Légion d'honneur, sans alliance.

3° *Henriette-Charlotte-Marie* de BOURGEVIN de LINAS, née le 18 octobre 1840, morte le 8 juillet 1843.

3° *Alix-Julie-Blanche* de BERTIER, née le 14 avril 1809, morte le 2 décembre 1872, mariée le 8 mai 1826, à *Achille*, Marquis de SOLAGES (voir la branche de SOLAGES), son cousin germain.

4° *Alexis-Bénigne-Louis*, Comte de BERTIER de SAUVIGNY, qui suit.

XV. Alexis-Bénigne-Louis, Comte de BERTIER de SAUVIGNY, né le 23 mars 1814, Général de brigade, Grand officier de la Légion d'honneur, Chevalier-Compagnon de l'ordre du Bain, Commandeur du Medidjié, etc. Entré à Saint-Cyr en 1831, il fut envoyé en Afrique en 1840, et depuis lors il ne cessa de prendre la part la plus active à toutes les campagnes où se trouvait engagé le drapeau français, en Afrique, en Crimée, en Italie, au Mexique. Constamment cité à l'ordre du jour, il était considéré comme l'un des brillants officiers-généraux appelés à occuper les plus hauts grades, lorsqu'il fut frappé d'une terrible insolation, étant en marche sur San-Luis de Potosi ; sa carrière brisée par l'altération de sa santé, il resta en disponibilité jusqu'à sa mort, survenue dans son château de Cœuvres, le 30 juillet 1883. Il avait épousé, le 30 janvier 1857, *Caroline-Frasquita-Joséphine-Claire* des Granges de Rancy, née le 17 novembre 1830, dont

1° *Marie-Charlotte-Alix* de Bertier, née le 7 décembre 1857, morte le 2 novembre 1880, mariée le 2 août 1879, à *Marie-Joseph-Henry*, Vicomte de Lestrange, né le 29 avril 1853, dont

Marie-Louise-Henriette de Lestrange, née le 17 août 1880.

2° *Marie-Françoise-Blanche* de Bertier, née le 17 décembre 1859, mariée le 17 janvier 1884, à *Henry*, Vicomte de Lestrange, son beau-frère, dont

1° *Marie-Edmée-Alix* de Lestrange, née le 26 novembre 1884, à Paris.

2° *Gaston-Raoul-Edmond* de Lestrange, né le 18 décembre 1885, à onze heures du matin.

3° *Albert-Bénigne-Léon*, Comte de Bertier, qui suit

XVI. Albert-Bénigne-Léon, Comte de BERTIER de SAUVIGNY, né le 11 juin 1861.

Branche Ferdinand de BERTIER de SAUVIGNY.

XIV. NNE-FERDINAND-LOUIS, Comte de BERTIER de SAUVIGNY, né le 13 mai 1782, mort le 5 septembre 1864, Chevalier de MALTE de minorité, de Saint-Louis, de la Légion d'honneur ; inscrit à 13 ans sur les contrôles de l'armée royale; fondateur en 1810 avec quelques amis d'une association royaliste, il fit arborer le drapeau blanc à Toulouse, en 1814 ; officier supérieur de chevau-légers, il accompagna le Duc d'Angoulême en qualité de Colonel de cavalerie jusqu'à la capitulation de la Palud, en 1815. Il quitta le service militaire après le retour du Roi, et pendant la Restauration occupa successivement les fonctions de Préfet du Calvados et de l'Isère, de Député de la Seine, de Conseiller d'État de Directeur général des eaux et forêts, de Ministre d'État et de Membre du Conseil privé ; après 1830, il quitta toutes ses fonctions publiques. Il avait épousé : 1° le 12 février 1805 (22 pluviose, an XII), *Marie-Louise-Françoise de Paule-Thaïs* le FÈVRE d'ORMESSON, née à Paris, le 19 août 1789, morte le 9 octobre 1805, fille de *Henri-François de Paule* le FÈVRE d'ORMESSON, Conseiller d'état, Contrôleur des finances, et de *Louise-Charlotte-Léonarde* le PELLETIER de MORFONTAINE, dont il n'eut pas d'enfants ; 2° le 10 décembre 1808, *Amélie-Angélique-Marie-Anne* de BASCHI SAINT-ESTÈVE, née le 4 mars 1788, morte à Sauvigny-le-Bois (Yonne), le 1er juillet 1833, fille de *Charles*, Comte de BASCHI SAINT-ESTÈVE, Chevalier de Saint-Louis, Colonel du régiment de Barrois, et d'*Amélie* de RIQUET de CARAMAN, dont

1° *Anne-Marie-Louise-Charles* de BERTIER, née le 30 octobre 1809, morte en bas âge.

2° *Emmanuel-Louis-Marie-François-Maurice* de BERTIER, né le 27 mai 1811, mort le 3 février 1833.

3° *Louis-Marie-Ferdinand*, Comte de BERTIER de SAUVIGNY, qui suit.

4° *Marie-Pauline-Jules-Amélie* de BERTIER, née le 30 janvier 1815, mariée, le 9 mai 1837, à *Alexandre-Charles-Michel-Tanneguy*, Comte le VENEUR, né le 29 septembre 1806, mort le 11 février 1856, fils d'*Alexis-Louis-Jacques-Tanneguy*, Comte le VENEUR, et d'*Alexandrine-Bibienne-Félicité* de JUPILLES, dont

1° *Amélie-Louise-Élisabeth-Marie* le VENEUR, née le 14 septembre 1838.

2° *Marie-Antoinette-Ferdinande-Amélie* le VENEUR, née le 15 août 1840, mariée le 15 juillet 1865 à *Maxime* de MOREL, né le 6 mai 1824, dont

1° *Joseph* de MOREL, né le 11 juin 1866.

2° *Maurice* de MOREL, né le 19 février 1869.

3° *Marie* de MOREL, née le 14 mars 1871.

4° *Blandine-Marie-Caroline-Isabelle* de MOREL, née le 10 mars 1874.

5° *Ferdinand* de MOREL, né le 24 octobre 1876.

6° *Marie-Amélie-Auguste-Cécile* de MOREL, née le 2 mai 1881.

3° *Marie-Caroline-Alix* le VENEUR, née le 17 août 1842.

4° *Louise-Marie-Bibienne-Jeanne* le VENEUR, née le 28 juillet 1845, mariée, le 5 août 1879, à *Roger* de GLOS, fils de *Jacques-Dominique* de GLOS et de *Jeanne-Antoinette-Constantine* des CHAPELLES, dont

1° *Jean-Marie-Joseph-Pie* de GLOS, né le 3 juin 1880.

2° *Melaine-Marie-Joseph-Alexandre* de GLOS, né le 24 septembre 1882.

5° *Isabelle-Albertine-Marie-Marguerite* le VENEUR, née le 19 février 1849, morte le 7 juin 1883, mariée le 11 septembre 1872 à *Charles* de VIGAN, né le 5 août 1847, sans enfants.

6° *Marie-Joseph-Ambroise-Tanneguy*, Comte le VENEUR (de Napoléon Ier), Comte de TILLIÈRES (par lettres patentes de décembre 1565), né le 9 juin 1851, marié le 4 octobre 1880, à *Anne-Marie-Amélie-Louise* de PREAULX, née le 21 avril 1860, fille de *Charles-Gaston-Louis-Stanislas*, Comte de PREAULX, et d'*Alexandrine-Amélie-Marie* du BIGNON, dont

1° *Marie-Paul-Gaston-Tanneguy* le VENEUR, né le 17 mai 1883.

2° *Marie-Alexandrine-Amélie-Charlotte* le VENEUR, née le 6 mars 1884, morte peu après.

3° *Étienne-Marie-Tanneguy* le VENEUR, né le 15 mai 1885.

7° *Marie-Thérèse-Victorine* le VENEUR, née le 4 juin 1853, mariée, le 25 septembre 1877, à *Charles* de CASTILLA, né le 4 juin 1848, fils de *Joseph-Maria-Dolores-Adrien-Louis-Raymond* de CASTILLA et de *Justine* d'ARIMA, dont

1° *Marie-Paul-Charles-Joseph* de CASTILLA, né le 14 mars 1882.

2° *Bernard-Marie-Joseph-Tanneguy* de CASTILLA, né le 13 mai 1884.

5° *Charles-Louis-Marie*, dit Comte *Charles* de BERTIER de SAUVIGNY, né le 11 juillet 1817, marié le 7 mars 1859 à *Marie-Alice* SINGHER, née le 25 juillet 1834, morte le 1er février 1877, fille de *Jérémie* SINGHER et de *Joséphine* DARRAMBIDE, dont

1° *Jean-Marie-Ferdinand* de BERTIER, né le 22 février 1860, mort le 13 mai 1861.

2° *Léon-Marie-Bénigne* de BERTIER de SAUVIGNY, né le 24 avril 1862.

6° *Marie-François de Paule-Henri-Bénigne* de BERTIER, né le 2 octobre 1819, mort en 1834.

7° *Anne-Marie-Hippolyte-Victor* de BERTIER, né le 26 mai 1821, mort le 15 septembre 1870.

8° *Emmanuel-Marie-Joseph-Hippolyte* de BERTIER, né le 23 mars 1823, mort en 1827.

9° *Marie-Blanche-Adrienne* de BERTIER, née le 28 août 1824, morte en bas âge ; parrain, *Adrien*, Marquis de BERTIER de PINSAGUEL.

10° *Amélie* de BERTIER, morte en bas âge.

11° *Marie-Gabrielle-Isabelle* de BERTIER, née le 25 novembre 1827, mariée le 6 août 1850, à *Henry-Marie-Joseph*, Baron de REVIERS de MAUNY, né le 6 avril 1824, mort le 7 mars 1854, officier de Cuirassiers, fils de *Jacques-Marie-François*, Comte de REVIERS de MAUNY, et d'*Amélie-Joséphine* FOULLON, dont

1° *Marie-Jacques-Richard*, Baron de REVIERS de MAUNY, né le 8 novembre 1851 ; marié le 31 janvier 1877, à *Marie-Céleste-Christiane* d'ALINEY d'ELVA, née le 2 mai 1858, fille d'*Auguste-Césaire* d'ALINEY, Comte d'ELVA, et d'*Alix-Hyacinthe* de QUELEN, dont

1° *Marie-Joseph-Jean* de REVIERS de MAUNY, né le 23 février 1878

2° *Marie-Joseph-Olivier* de REVIERS de MAUNY, né le 11 avril 1880.

3° *Marie-Joseph-Hyacinthe-Christian* de REVIERS de MAUNY, né le 13 septembre 1882, mort le 29 janvier 1883.

4° *Marguerite-Marie-Augusta-Simone* de REVIERS de MAUNY née le 19 novembre 1885.

12° *Marie-Joseph-Alphonse*, dit Comte *Alphonse* de BERTIER de SAUVIGNY, né le 29 mars 1830, marié le 26 août 1857, à *Armande-Claire-Marguerite* POULLETIER de SUZENET, née le 28 avril 1833, fille de *Jean-Marie-Alexis-Gustave* POULLETIER, Comte de SUZENET, et de *Marie-Caroline-Béatrix* HURAULT de VIBRAYE, dont

1° *Marie-Joseph-Ludovic* de BERTIER de SAUVIGNY, né le 30 septembre 1860.

2° *Ange-Marie-Joseph-Jean* de BERTIER de SAUVIGNY, né le 21 avril 1862.

3° *Marie-Joseph-Maximilien-Christian* de Bertier de Sauvigny, né le 10 avril 1864.

Ferdinand, Comte de BERTIER, a épousé 3°, en octobre 1837, *Marie-Louise-Pauline* de Riencourt, fille de *Louis-Fortuné*, Vicomte de Riencourt, et de *Louise-Catherine-Victoire* du Hautoy, morte le 13 décembre 1852, dont

13° *Louis-Marie-Henri*, dit Comte *Henri* de Bertier de Sauvigny, né le 5 août 1838, marié le 26 août 1873 à *Marie* de Cussy, dont

1° *Paul* de Bertier, né le 14 juin 1878.

2° *Jean-Léon-Marie* de Bertier, né le 6 novembre 1885.

14° *Marie-Anne-Louise-Valentine* de Bertier, née le 9 janvier 1840, morte le 20 novembre 1875.

15° *Marie-Dieudonné-Paul-Emmanuel-Bénigne-Louis* de Bertier, né le 16 août 1841, mort le 27 avril 1858.

XV. Louis-Marie-Ferdinand, dit Fernand, Comte de BERTIER de SAUVIGNY, né le 18 mars 1813, marié, le 27 octobre 1840, à *Marie*, Princesse Galitzin, née le $^{18}/_{31}$ mars 1821, dont

1° *Marie-Fernande-Élisabeth* de Bertier, née le 29 janvier 1842, morte en août 1843.

2° *Marie-Pierre-Emmanuel* de Bertier, qui suit

3° *Marie-Antoine-Roger*, dit Comte *Roger* de Bertier de Sauvigny, né le 13 février 1846; marié, le 28 décembre 1872, à *Yvonne-Marie-Appoline-Françoise* des Moutis de Boisgauthier et de *Célestine* de Lanuguœt de Tromelin, dont

1° *Anne-Marie-Françoise* de Bertier, né le 8 décembre 1873.

2° *Marie-Madeleine-Fernande* de Bertier, née le 15 avril 1875.

4° *Raymonde-Louise-Marie* de Bertier, née le 22 septembre 1850, morte le 3 septembre 1881, mariée, le 20 août 1874, à *Pierre-Victor-César-Isidore-Henri* de Falentin, Vicomte de Saintenac, ancien officier de cavalerie, zouave pontifical, député à l'assemblée nationale en 1871, né le 4 mai 1828, fils de *Joseph* de Falentin, Vicomte de Saintenac, et de *Marie-Étienne-Élisabeth* Orillard de Vilmanzy, dont

1° *Marie-Jeanne-Fernande* de Falentin de Saintenac, née le 2 janvier 1876.

2° *Marie-Catherine-Joséphine* de Falentin de Saintenac, née le 6 janvier 1878.

3° *Marie-Caroline-Isabelle-Natalène* de FALENTIN de SAINTENAC, née le 6 août 1879.

4° *Marie-Jean* de FALENTIN de SAINTENAC, né le 21 août 1881.

XVI. MARIE-PIERRE-EMMANUEL, Comte de BERTIER de SAUVIGNY, chef de bataillon au 51e de ligne, Chevalier de la Légion-d'honneur, né le 30 août 1843; marié, le 16 avril 1873, à *Marie-Mathilde* de FONTAINES, née le 24 décembre 1850, fille de *Charles-Auguste-Xavier* de FONTAINES et de *Marie-Claire* de JOUSSELIN, dont

1° *Pierre* de BERTIER, né le 7 janvier 1874.

2° *Marie-Xavier-André* de BERTIER, né le 21 août 1875.

3° *Marie-Joseph-Charlotte-Alice* de BERTIER, née le 1er mars 1879.

Famille de Solages.

XIV. LANCHE-LOUISE-ANTOINETTE de BERTIER, née le 29 juillet 1784, morte le 21 février 1843; mariée le 3 mai 1802 (13 floréal an X), à *Gabriel-Hippolyte*, Comte de SOLAGES, officier aux Gardes françaises, né le 10 novembre 1772, mort le 24 décembre 1811, dont

1° *Marie-Gabrielle-Élisabeth* de SOLAGES, née le 25 mars 1803, morte le 4 avril 1872, mariée, le 2 mai 1820, à *Marie-Alexandre-Joseph*, Vicomte d'YZARN de FREISSINET, né en 1792, mort le 24 novembre 1847, dont

- 1° *Hippolyte* d'YZARN de FREISSINET, né en 1821, mort le 2 août 1843.
- 2° *Mathilde* d'YZARN de FREISSINET, née en 1823, mariée à *Anatole-Victor*, Marquis de PARDIEU, né en 1815, mort le 3 février 1873, sans enfants.
- 3° *Anna* d'YZARN de FREISSINET, morte le 9 juin 1839.
- 4° *Jacques*, Comte d'YZARN de FREISSINET, né le 1er septembre 1845, marié, le 13 octobre 1877, à *Alice* SAUGLÈRE, sans enfants.

2° *Achille-Ferdinand-Gabriel* de SOLAGES, qui suit.

3° *Anne-Ide-Marie* de SOLAGES, née le 18 mai 1806, morte le 4 décembre 1863, religieuse de Notre-Dame le 3 novembre 1832, supérieure de cet Ordre le 19 avril 1840.

4° *Blanche-Françoise-Pauline* de SOLAGES, née le 28 avril 1807, morte le 21 juin 1880, mariée, le 5 février 1828, à *Frédéric*, Baron d'YVERSEN, né le 16 mars 1806, fils du Baron d'YVERSEN et d'*Adelaïde* OLIVIER du FAGET, fille elle-même du Marquis du FAGET et de N. BOYER, descendante des BRÉMOND d'ARS, dont

- 1° *Julie* d'YVERSEN, née le 1er juin 1830, sans alliance

2° *Caroline* d'YVERSEN, née le 1er juillet 1832, mariée, le 15 octobre 1856, à *Hippolyte*, Baron de LACGER, dont

1° *Joseph* de LACGER, né le 25 juillet 1857.

2° *Jean* de LACGER, né en septembre 1858, officier, marié le 24 septembre 1884, à *Yvonne* de POIX de FREMINVILLE, née en 1864, fille de *Léon* de POIX de FREMINVILLE et d'*Adelaïde* de VALENCE.

3° *Marie* de LACGER.

4° *Henri* de LACGER, né le 27 septembre 1860.

5° *Victoire* de LACGER, née le 4 mai 1863.

6° *Blanche* de LACGER, née le 4 octobre 1864.

7° *Pierre-Marie-Gabriel* de LACGER, né le 22 juin 1866.

8° *Marie-Marguerite* de LACGER, née le 19 janvier 1870.

9° *Louis-Adrien-Marie* de LACGER, né le 21 novembre 1871.

10° *Madeleine-Marie* de LACGER, née le 8 mars 1873.

3° *Augusta-Gabrielle-Marie* d'YVERSEN, née le 6 décembre 1835, morte le 30 mars 1884, mariée, le 27 avril 1858, à *Marie-Maurice-Paul*, Baron de SCORBIAC, mort le 1er janvier 1864, fils du Baron de SCORBIAC, dont

1° *Adrienne* de SCORBIAC, morte jeune.

2° *Bruno*, Baron de SCORBIAC, né le 17 juillet 1861.

3° *Marie-Joseph-Charles-Guichard* de SCORBIAC, né le 19 novembre 1862.

4° *Hippolyte-Jean-Marie*, Baron d'YVERSEN, né le 1er février 1840, mort le 30 octobre 1880, marié le 8 avril 1869, à *Marguerite* de LUR-SALUCES, fille de *Bertrand*, Marquis de LUR-SALUCES, et de *Thérèse* de CHASTELLUX, dont

1° *Thérèse* d'YVERSEN, née le 10 avril 1870.

2° *Henriette* d'YVERSEN, née le 15 juillet 1871.

3° *Charles* d'YVERSEN, né le 20 mai 1874.

5° *Marie-Louise-Adrienue* d'YVERSEN, née le 12 janvier 1844, morte le 21 août 1857.

5° *Hippolyte-Louis*, Comte de SOLAGES, né le 4 avril 1809, mort le 3 avril 1850, marié le 12 juin 1839, à *Adrienne* de RIFFARDEAU de RIVIÈRE, née le 12 juillet 1814, morte le 14 juin 1875, fille de *Charles-François* de

RIFFARDEAU, Duc de RIVIÈRE, et de *Marie-Louise-Colette* de la FERTÉ de MEUNG, sans enfants.

6° *Amalric-Gérard* de SOLAGES, né le 21 janvier 1811, mort le 26 avril 1837.

XV. ACHILLE-FERDINAND-GABRIEL, Marquis de SOLAGES, né le 21 septembre 1804 (5 complémentaire an XII), marié le 8 mai 1828, à *Alix-Julie-Blanche* de BERTIER, sa cousine germaine, née le 14 avril 1809, morte le 2 décembre 1872,

dont

1° *Gabriel-Louis* de SOLAGES, qui suit.

2° *Albertine-Blanche* de SOLAGES, née le 31 mai 1830, mariée le 21 juillet 1857, à *Aymar-François-Louis-Guillaume*, Comte de BEAUMONT du REPAIRE, né le 10 mars 1819, dont

1° *Alix-Louise-Marie* de BEAUMONT, née le 2 octobre 1857, sœur de charité.

2° *Achille-Armand-Georges-Marie* de BEAUMONT, né le 13 novembre 1861.

3° *Anne-Marie-Henriette-Victoire* de BEAUMONT, née le 16 janvier 1863.

4° *Marie-Louise* de BEAUMONT, née le 19 septembre 1866.

3° *Henriette-Louise* de SOLAGES, née le 15 juin 1831, morte le 2 novembre 1883, mariée le 1er février 1860, à *Anatole-Ernest*, Vicomte de GOURGUE, né le 5 juin 1826, mort le 27 septembre 1876, dont

Augustine-Blanche-Marie de GOURGUE, née le 4 juillet 1864.

4° *Alphonse-Marie-Paul*, Comte de SOLAGES, né le 25 juillet 1838, marié, le 23 juin 1869, à *Marie-Françoise-Isabelle* de MONTEYNARD, née le 10 février 1848, fille d'*Atenulfe*, Vicomte de MONTEYNARD, et de *Marie-Amicie* de CHAPONAY, dont

1° *Marie-Achille-Clément-Henri* de SOLAGES, né le 15 octobre 1870.

2° *Marie-Albertine-Berthe* de SOLAGES, née le 16 juillet 1874, morte le 26 juin 1879.

3° *Marie-Gabriel-Amalric* de SOLAGES, né le 10 mars 1877.

4° *Marie-Albert-Henri-Hugues* de SOLAGES, né le 15 juin 1881.

5° *Marie-Émilie-Geneviève* de SOLAGES, née le 11 janvier 1883.

5° *Henri-Marie* de SOLAGES, né le 6 décembre 1842, Père Jésuite le 3 juin 1865.

6° *Albert-Jules-Marie* de SOLAGES, né le 15 mai 1845, mort le 8 avril 1872, par suite des fatigues de la guerre de 1870 contre l'Allemagne, zouave pontifical, volontaire de l'Ouest en 1870, médaillé de Mentana, Chevalier des ordres de Pie IX et de François II, roi de Naples.

XVI. Gabriel-Louis, Comte de SOLAGES, né le 3 mars 1829, mort le 29 octobre 1886, marié le 12 août 1860, à *Alix-Juliette-Élisabeth* de Courtarvel, née le 12 décembre 1837, fille de *Claude-René-César*, Marquis de Courtarvel, né le 1er avril 1761, et d'*Aliénor* de Bec-de-Lièvre, née le 13 octobre 1807.

1° *Marie* de Solages, née le 13 août 1861, mariée, le 5 juin 1880, à *Guillaume* de Pierre, baron de Bernis
dont

1° *Armand* de Pierre de Bernis, né le 14 mai 1881.

2° *Raymond* de Pierre de Bernis, né le 30 juillet 1882, mort le 3 novembre 1886.

3° *Alix* de Pierre de Bernis, née le 19 septembre 1883.

4° *Gabriel* de Pierre de Bernis, né le 9 avril 1885.

2° *Ludovic-Jérôme-Marie* de Solages, qui suit

3° *Aliénor* de Solages, née le 19 septembre 1865, morte le 29 janvier 1869.

4° *Gabrielle-Albertine-Marie* de Solages, née le 30 mai 1868.

5° *Auguste-Xavier-Jules-Marie* de Solages, né le 5 février 1871, mort le 9 décembre 1874.

6° *Gaston-Joseph-Henry* de Solages, né le 3 novembre 1877.

XVII. Ludovic-Jérôme-Marie, Comte de SOLAGES, né le 20 juillet 1862.

BIBLIOTHÈQUE NATIONALE R.F. IMPRIMÉS

www.ingramcontent.com/pod-product-compliance
Lightning Source LLC
LaVergne TN
LVHW010044230826
846091LV00005B/1869

* 9 7 8 2 0 1 2 8 6 1 7 3 2 *